AF461021

PIERRE
LE GRAND,
COMÉDIE
EN TROIS ACTES ET EN PROSE,
MÊLÉE DE CHANTS.

Représentée, pour la première fois, par les Comédiens Italiens ordinaires du roi, le 13 janvier 1790, et reprise le 11 Pluviose, an 9.

PAR J. N. BOUILLY.

Musique de GRÉTRY.

A PARIS,

Chez l'AUTEUR, rue Villedot, n°. 5.

AN IX. (1801.)

PERSONNAGES.	ACTEURS.
PIERRE LE GRAND, empereur des Russies.	C. Elleviou.
LE FORT, ministre et ami de l'empereur.	C. Solié.
MENSIKOFF, gouverneur de Moscou.	C. Andrieux.
CATHERINE, jeune veuve retirée au village.	Me. Crétu.
GEORGES-MORIN, Maître Charpentier, chez lequel demeurent Catherine, Pierre le Grand, sous le simple nom de Pierre, et le Fort, sous le nom d'André.	C Chénard.
GENEVIEVE, femme de Georges-Morin.	Me. Gonthier.
CAROLINE, fille de Georges et de Geneviève.	Me. Bouvier.
ALEXIS, jenne orphelin, fils d'un riche fermier et amant de Caroline.	Me. Carline-Nivelon.
MATHURIN, vieillard, grand oncle et tuteur d'Alexis.	C. Paulin.
LE TABELLION.	C. Cellier.
COMPAGNONS CHARPENTIERS, au service de Georges-Morin.	
PAYSANS ET PAYSANNES.	
OFFICIERS de Pierre le Grand.	
GARDES ET SOLDATS.	

La scène se passe en Russie, dans un village situé sur les bords de la mer.

PIERRE LE GRAND,

COMÉDIE.

ACTE PREMIER.

Le théâtre représente la place d'un village. A gauche, sur le devant de la scène, est la maison de Georges, terminée par une grande porte qui est l'entrée de ses chantiers. A droite et vis-à-vis, sont des arbres formant un berceau. Au fond de la scène on découvre la mer dont les bords sont couverts de monceaux de bois de charpente, au milieu desquels s'élèvent un vaisseau en construction.

SCENE PREMIERE.

PIERRE, LE FORT, *vêtus en charpentiers.*

TROUPE DE CHARPENTIERS.

(*Ils chantent le chœur suivant, en travaillant au vaisseau.*)

CHOEUR.

Travaillons et chantons,
Redoublons de courage :
Que les fatigues de l'ouvrage
Se dissipent dans nos chansons !

LE FORT.

Chassons la mélancolie,
Et livrons-nous à la gaîté ;
C'est le baume de la santé ;
C'est le charme de la vie.

CHOEUR.

Travaillons et chantons, etc.

PIERRE.

Trésors, honneurs, sceptre et couronne,
Vous n'offrez tous qu'un faux bonheur.
Rarement, avec vous, on peut livrer son cœur
Aux doux égaremens que la gaîté nous donne.

CHOEUR.

Travaillons, etc.

PIERRE ET LE FORT.

Mais tous ces plaisirs salutaires
Du vrai bonheur ne font que la moitié ;
Deux choses sont encore nécessaires :
L'amour et sur-tout l'amitié.

(En prononçant ces derniers mots, ils se regardent avec attendrissement et se serrent la main.)

Travaillons et chantons,
Redoublons de courage :
Que les fatigues de l'ouvrage
Se dissipent dans nos chansons.

PIERRE.

Toutes nos pièces sont achevées ; allons, camarades, il faut rentrer aux chantiers, afin d'en préparer de nouvelles.

(Tous les ouvriers se dispersent et disparoissent.)

SCENE II.

PIERRE, LE FORT.

LE FORT.

Quelle force, quelle adresse vous mettez dans vos travaux ! Je ne connais aucun charpentier qui vous égale. . . . O Pierre ! ô mon Czar ! puisque nous sommes seuls, permettez-moi de prononcer ce mot si cher et si sacré pour moi. Que j'aime à vous voir sous ces vêtemens, la hache à la main, guider vous-même une troupe d'ouvrier dans des ouvrages difficiles et pénibles ! Qui croirait, en vous voyant ainsi, que vous êtes souverain de ces lieux ; que vous êtes l'empereur des Russies?

PIERRE.

Cesse de me louer, mon cher le Fort : tout ce que je fais, n'est-il pas ton ouvrage ? O mon ami ! que je bénis l'heureux jour où, pour la première fois, tu parus à ma c ur ! Je n'avais alors que dix-neuf ans ; maître du plus grand empire du monde, élevé à la façon grossière et barbare de mes ayeux, j'étais sans talens, et je puis dire sans vertus, quand le ciel te conduisit à Moscou et t'offrit à ma vue. Ton air me plut : je lus sur ton front tout ce qui décorait ton ame; je te donnai ma confiance; je te fis mon ministre; et bientôt tu devins mon ami. Tu connus alors toutes les inclinations de mon cœur; tu le jugeas susceptible de perfection; tu voulus que celui qui devait gouverner des hommes, commançât par être homme lui-même. Pour réussir dans ce grand projet, tu me fis sortir de l'engourdissement où me tenaient les préjugés du trône, et tu parvins à m'arracher de Moscou. Nous avons parcouru ensemble l'Angleterre, la Hollande, la France, l'Europe entière; mœurs, loix, gouvernemens, arts, science, commerce, tu m'as tout fait connaître : tu ne m'as pas quitté un seul instant; et moi seul peut-être, car tel est l'avantage des princes; moi seul, je recueillerai la gloire de nos travaux communs : considère maintenant ta conduite et la mienne, et vois qui de nous deux mérite le plus d'éloges.

DUO DIALOGUÉ.

PIERRE.	LE FORT.
Oui, tes services, ta constance	Si mes services, ma constance,
Feront ma gloire et mon bonheur;	Mon prince, font votre bonheur,
Sois sûr aussi que la reconnoissance	Ne songez point à la reconnoissance;
Les a tous gravés dans mon cœur.	Ma récompence est dans mon cœur.
Guide prudent, ami fidèle,	Oui, je suis votre ami fidèle,
Par tes leçons, par tes soins assidus,	Ne parlons point de mes soins assidus
Tu m'as servi de maître et de modèle	A-t-on besoin de maître et de modèle,
Pour les talens, pour les vertus.	Prince, qu and on a vos vertus!

(*Ils s'embrassent.*)

LE FORT.

Quel exemple vous donnez aux souverains! Ah! ne cherchez point à m'attribuer la gloire de vos actions. Ce que j'ai fait, tout autre l'eût fait à ma place; mais quel monarque s'est jamais mis à la vôtre? L'âge précieux que tant de princes passent dans les plaisirs et la molesse, vous l'avez employé, vous, à dompter vos passions, à étudier les hommes, à cultiver les sciences, à vous former une ame digne de votre rang. Aussi le ciel a béni vos projets, et déjà vous voyez vos peuples se perfectionner dans les arts que vous vous plaisez à leur enseigner vous même..... Mais permettez - moi de vous représenter que nous restons trop long - tems dans le même endroit. Voilà plus d'un an que nous sommes dans ce village ; et. . . . si vous m'en croyez, nous en sortirons au plutôt.

PIERRE.

Je sens, mon ami, le motif qui te porte à me donner cet avis. Tu veux, je le vois, que je brise les liens qui me retiennent ici ; mais il n'en est plus tems : apprends donc qu'il est au-dessus de mes forces de me séparer de Catherine ; que je ne puis vivre sans la voir ; enfin que je lui ai promis de m'unir à elle.

LE FORT.

Que dites - vous ?... Songez, mon prince, que Catherine n'est que la veuve d'un simple soldat livonien.

PIERRE.

Eh ! que m'importe ? Si ma naissance me met au - dessus d'elle, ses vertus la rendent mon égale.

LE FORT.

Que diront les boyards, les grands de votre cour ?

PIERRE.

Rien, dès qu'ils la verront, dès qu'ils pourront l'apprécier. Elle est née obscure, il est vrai ; mais son éducation dirigée, tu le sais, par un ministre vertueux et profond, l'a mise au-dessus de son état, de sa naissance..... Ne connais-tu pas, comme moi, tous les trésors de son ame ? Décence, esprit, sensibilité, noblesse, Catherine a tout en partage : ajoute à tout cela ses grâces, sa beauté ; et tu cesseras de blâmer ton élève, et de le chagriner par des reproches.

LE FORT.

Des reproches ! je suis bien loin de blâmer votre amour ; je ne parlais que de vos boyards, que de ces grands qui, ne jugeant des choses, que par le faux éclat qu'elles répandent, ne s'imaginent pas que le mérite puisse se trouver dans l'obscurité. Pour moi, j'ai toujours pensé comme vous ; Catherine s'est fait aimer, s'est fait respecter d'un monarque ; elle est digne de sa main... Mais elle ne sait pas encore qui vous êtes ?

PIERRE.

Non sans doute ; c'est ce qui fait les délices des jours que je passe auprès d'elle. Le simple nom de Pierre que je porte, celui d'André que tu as substitué au tien, ajoutent à notre déguisement. D'ailleurs, qui pourrait se douter que deux hommes qui paraissent obscurs, deux compagnons charpentiers sont, l'un un monarque, et l'autre.... son ami? Ah! si ma Catherine savait que son amant est son empereur et son maître, qu'il ne possède une couronne que pour la partager avec elle... Que dis je? si elle le savait, j'y perderais peut-être ; et le respect alors pourrait nuire à l'amour. Non, non : continuons, sous cet habit, à la chérir, à être chéri d'elle : elle me croit son égal, m'aime comme son égal ; cette méprise a pour moi trop de charmes, pour que je cherche à me faire connaître... La voici ; songeons à reprendre nos rôles.

LE FORT.

La gaîté est peinte sur sa figure ; elle vient sans dôute de faire quelque bonne action ; c'est assez son usage de commencer ainsi sa journée.

SCENE III.

PIERRE, LE FORT, CATHERINE,

CATHERINE.

(*Elle entre par le côté opposé à la maison de Georges.*)

Toujours ensemble !

PIERRE.

Oui, toujours ; je ne puis être content, sans André ; (*il montre le Fort.*) Comme je ne puis être heureux, sans Catherine..... Ah ça! permettez moi un petit reproche. Nous voilà bientôt à la moitié du jour, et je ne vous avais pas encore vue.

LE FORT.

Caroline qui est venue vous chercher aux chantiers, nous a dit que vous étiez sortie dès le matin ; où êtres-vous donc allée?

CATHERINE.

Essuyer les larmes d'un malheureux. Il me fallait une pareille occupation, pour passer ainsi toute la matinée sans vous voir.

PIERRE.

Je vous le pardonne sans peine. Quelque plaisir que j'aie auprès de vous, je suis toujours consolé de votre absence; certain que vous faites alors le bonheur des autres.

LE FORT.

Femme charmante! que votre sort est digne d'envie! Hommes, femmes, enfans, tous dans ce village vous respectent et vous aiment.

CATHERINE.

Ils n'aiment, dites-vous; c'est qu'ils sont trop sensibles; c'est que leur reconnaissance surpasse ce que je fais pour eux. Hélas! que ne puis-je à mes veilles, à mes soins, joindre le pouvoir de donner; pouvoir si doux que négligent tant de gens qui le possèdent!

ARRIETTE.

Oui, mes amis, la bienfaisance
Est la source du vrai bonheur;
C'est le plus doux charme du cœur;
C'est le plaisir de l'opulence.
Ah! si du sort j'obtenais les faveurs,
Que j'aurais soin de l'indigence!
Grands Dieux! que j'essuirais de pleurs!
Faire chérir mon existence,
Des malheureux me gagner tous les cœurs,
Ce serait-là ma jouissance.

PIERRE, *avec enthousiasme et égarement.*

Femme adorable! assemblage parfait des plus beaux sentimens! O ma Chaterine! de quels traits vous vous gravez dans mon ame!... Vous ne pouvez, dites-vous, donner aux malheureux; vous ne pouvez les soulager que par vos soins; eh bien, je m'associe à vous: saisissez, je vous l'ordonne, jusqu'à la plus petite occasion de faire du bien; promettez, engagez-vous, ne craignez rien: je puis suffire à tout... (*A part.*) O ciel! je m'oublie.

LE FORT.

Tu parles fort à ton aise, mon ami; on dirait à t'entendre, que tu es tout cousu d'or.

PIERRE, *avec embarras.*

Tu as raison. . . . . Je suis un insensé. . . . . Catherine peint la bienfaisance avec tant de charmes, que je m'imaginais pouvoir. . . . par mon travail. . . . soulager comme elle tous les infortunés.

CATHERINE.

L'or n'est pas toujours nécessaire pour se procurer cette jouissance. Vous qui, ainsi que moi, ne possédez rien, vous pouvez connaître le plaisir de faire du bien. Joignez-vous à moi ; je vous donnerai, non pas des vieillards à gouverner, mais des amans à protéger.

PIERRE.

Des amans à protéger ! . . . Si vous êtes leur protectrice, pourquoi donc vous plaire à affliger le vôtre ? Pourquoi, jusqu'à cet instant, m'avoir refusé votre main ? Je vous l'ai demandée tant de fois. . . . Vous baissez les yeux ; vous n'osez répondre.

CATHERINE.

Eh bien ! je vais vous ouvrir mon cœur. Si j'ai persisté, jusqu'à ce jour, à vous refuser ma main, c'est que je n'étais pas encore sûre de vos sentimens ; c'est que je craignais que vous n'eussiez pour moi que de l'amour ; et l'amour, sans l'estime, s'envole promptement, et ne laisse souvent après lui que les dégoûts et le repentir ; mais à présent que j'ai lu dans votre ame ; à présent que je suis assurée d'être autant estimée que chérie, je serai la première à hâter l'instant qui doit nous unir.

PIERRE.

Fixons-le donc cet instant qui assurera mon bonheur.

CATHERINE.

Volontiers ; mais avant j'exige de vous un service.

PIERRE.

Parlez ? que faut-il faire ?

CATHERINE.

Protéger deux êtres charmans pour lesquels je m'intéresse. Vous savez les sentimens qu'Alexis et Caroline ont l'un pour l'autre ; vous savez combien ils se conviennent ; il faut m'aider à les unir ; et le jour de leur union, Pierre, est celui que je fixe pour la nôtre. La bonne Geneviève persuadée qu'Alexis rendra sa fille heureuse, sollicite tous les jours avec moi maître Georges de consentir à leur mariage; mais il nous refuse constamment. Vous avez tous les deux sa confiance et beaucoup d'empire sur son esprit; vous seuls pouvez le déterminer à se rendre à nos prières.

LE FORT.

Comptez sur notre zèle.

PIERRE.

Qui peut, mieux que moi, plaider la cause d'un amant? Oh! je suis sûr.... oui, je suis sûr de faire consentir maître Georges à tout, avant la fin de la journée.... Surtout, Catherine, souvenez-vous bien que je dois être votre époux, le jour même qu'Alexis deviendra celui de Caroline.

CATHERINE.

Je vous en fais la promesse, et croyez qu'il me sera bien doux de la remplir.

SCENE IV.

LES PRÉCÉDENS, GENEVIEVE, CAROLINE.

GENEVIEVE, *elle sort de chez elle suivie de Caroline.*

AH! la v'la à la parfin!... Vous avez fait une longue absence, ma chère Catherine. (*A Pierre et à le Fort.*) Bon jour, mes enfans, bon jour!

CAROLINE, *à Catherine.*

J'ons couru vous chercher par-tout, et j'nons pu vous trouver.

CATHERINE.

J'étais chez le bon homme Jean-Louis, occupée à le consoler de la perte de son fils; et, sans y songer, j'y ai passé toute la matinée.

PIERRE.

Il n'y a qu'un moment que Catherine est avec nous; encore en avons-nous employé une partie à parler de vous.

LE FORT.

Oui, nous blâmions maître Georges de ce qu'il s'obstine à refuser Alexis pour son gendre.

GENEVIÈVE.

N'parlons pas d'ça, j'vous prie! n'parlons pas d'ça. Ça m'donne d'l'himeur, et pis ça fait d'la peine à Caroline... Pas vrai, m'n'enfant?

CAROLINE.

Ça n'fait rien, ma mère; parlons-en toujours: ça m'soulag'ra p-t-être.

GENEVIÈVE.

Va va, ton père est ben heureux d'avoir un cœur qui nous dédommage d'sa mauvaise tête. Sans ça..... Mais dam'! quand on a ça bon, (*elle porte la main à son cœur.*) on a beau avoir des défauts, on est toujours aimé.

CAROLINE.

Ah! c'est ben vrai; car j'aime mon père, quasiment autant que vous; quoiqu'pourtant i'm'fasse queuqu'fois ben du chagrin. Hier au soir encore....

GENEVIÈVE.

Quoi qu'i't'a fait, ma Caroline?

CAROLINE.

CHANSON.

Premier couplet.

J'étais au bord de la fontaine,
J'y voulais baigner le Moineau
Que j'pris l'aut'jour sous ce berceau
Mais v'la qu'il s'envol' dans la plaine:
Alexis cour après l'oiseau
A perdre haleine,
I'me l'rapport, dans son chapeau;
Et pour sa peine,
I'me demande un seul baiser;
Pouvais-je donc le l'i r'fuser?

GENEVIÈVE.

Non certainement, faut toujours r'compenser ceux qui nous obligent.... Eh ben! voyons; quoi qu'arriva d'tout ça

CAROLINE.

Second couplet.

Je fum'z-apperçus de mon père
Qui travaillait à ce vaisseau:
I'se glisse le long de l'eau,
Et pis nous aborde en colère.
V'laqu'i's'emport' contre Alexis

Avec outrage,
Et d'sortir seule d'not'logis
I'm'fait défense;
Et tout cela pour un baiser:
Pouvais-je donc le refuser?

Ah! si vous aviez vu comme mon père était furieux! I'm'a traité si durement, si durement. . . . Et Alexis donc, i l'a appelé libertin, débaucheux de filles; l'i a défendu d'mettre les pieds cheux nous: l'i a dit qu'jamais j'n's'rais sa femme, qu'jamais. . . .

GENEVIÈVE.

V'là l s pères, i'n'veulent pas pardonner à leux enfans les tours qu'eux-mêmes ont joués dans leux jeunesse . . . . Un baiser pris: voyez un peu l'grand mal. Si mon père s'était fâché contre lui toutes les fois qu'i'm'en a volé, comme j'étais fille. . . . Console-toi, m'a p'tite, console-toi; j'racmod'rai tout ça: laisse-moi faire.

CATHERINE.

Maître Georges est bon; mais il est un peu vif.

GENEVIÈVE.

Heureusement j'savons nous plier à son caractère. J'y ons ben été forcée, puisque j'nons pu l'plier au mien. . . . . J'ons toujours aimé la paix, parc'que j'savons qu'c'est c'qui fait l'bonheur du ménage. Georges me gronde queuqu'fois; eh ben! j'en ris, et ma gaîté l'désarme. Faut qu'la femme obéisse à l'homme; c'est tout simple; mais si je n'sommes pas les plus fortes, en revanche j'sommes les plus rusées, et ça nous console. Aussi Georges a beau être vif, entêté, i'finit toujours par en faire à ma tête. Stapendant v'là près d'un an qu'je l'parsécute d'donner not'fille à Alexis, sans pouvoir en v'nir à mes fins. C'est la première fois qu'i'm'résiste aussi long-tems, et ça m'déroute.

LE FORT.

Comment! il n'y aurait pas quelque moyen d'obtenir son consentement?

PIERRE.

Quelles raisons donne-t-il de son refus?

GENEVIEVE.

Aucunes: c'est ce qui nous embarasse. Ce sont toujours

des : je ne l'veux pas ; j'veux qu'ça soit comme çi... j'veux qu'ça soit comme ça... Et pis queux raisons pourait-il donner contre Alexis ? c'est un enfant que j'ons vu naître ; c'est le fils unique de défunt not'cousin Jacques qu'j'aimions tant, et qui nous payait si ben de r'tour ; ça vous est sage et rangé comme père et mère : c'est l'plus riche fermier du village, l'amant l'plus fidèle. . . .

PIERRE.

Doucement, mère Geneviève, doucement ; je connais ici quelqu'un qui l'égale en amour, et sur-tout en fidélité. (*Il regarde Catherine en prononçant ces derniers mots.*)

GENEVIEVE.

C'n'est pas l'tout qu'd'être riche, sage, amoureux et fidèle ; j'crois ben qu'il est itout l'plus tendrement aimé. . . dis, ma fille ?

CAROLINE.

Oui, ma mère, le plus tendrement aimé.

CATHERINE.

Je connais à mon tour quelqu'un qui pourrait lui disputer cet avantage. (*Elle prononce ces mots du ton le plus tendre, en regardant Pierre.*)

PIERRE, *bas à le Fort.*

Charmante !

CAROLINE.

Mon pauvre Alexis ! Je n'l'ons pourtant pas vu d'la journée : ah ! faut qu'il ait ben du chagrin . . . (*Ici on entend un hautbois raisonner dans le lointain.*) Le voici, j'crois. . . oui, c'est lui . . . s'i'savait qu'mon père est absent, i'viendrait de c'côté. Mais i'n'os'ra, j'en suis sûre . . . s'i'pouvait m'voir seul'ment ! (*Elle court au fond de la scène. Alexis paraît en jouant sur son hautbois le reste de son air.*)

SCENE V.

LES MÊMES, CAROLINE, ALEXIS.

ALEXIS, *sans voir les autres.*

AH ! te v'là !

CAROLINE.

Viens, mon ami... (*Alexis regarde de tous côtés, d'un air inquiet.*) Mais viens donc, n'crains rien.

ALEXIS.

Et ton père? S'i'nous voyait, tout s'rait perdu.

GENEVIEVE.

Rassure-toi, mon garçon; j'te prends sous ma garde.

ALEXIS, *accourant.*

Ah! par ainsi j'n'ons plus peur.... La bonne maman!... bon jour belle Catherine!... (*Il fait des signes d'amitié à Pierre et à le Fort.*)

CAROLINE.

Mais pourquoi v'nir si tard, donc?

ALEXIS.

Dame! c'est que j'craignais d'rencontrer ici maître Georges. (*Aux autres.*) Vous savez sûr'ment qu'i'm'a défendu....

GENEVIEVE.

Oui, Caroline, on nous a conté tout ça.

ALEXIS.

Que j'suis malheureux!

GENEVIEVE.

Console-toi, mon ami; mon mari t'aime, et jamais i'n'don'ra Caroline à d'autre qu'à toi.

CAROLINE.

C'esti' ben sûr ma mère?

ALEXIS.

Pourquoi, tarde-il à nous unir? I'n'sait donc pas c'que c'est qu'd'attendre, quand on aime? I'n'se souvient plus de c'que c'est qu'l'amour?

GENEVIEVE.

Oh! Qu'si fait; i's'en rappelle encore queuq'p'tit fois, dieu merci.

CATHERINE.

Si maître Georges s'oppose à votre mariage, c'est que vous êtes encore bien jeunes l'un et l'autre.

CAROLINE.

Eh ben, j'en s'rons heureux plus long-tems.

GENEVIEVE.

Cath'rine a raison ; v'n'ètes que d'z-enfans.

CAROLINE.

Des enfans, ma mère. J'ai seize ans passés.

ALEXIS.

Et moi dix-huit. Et pis c'n'est pas pour me vanter ; mais j'peux ben dire que n'gn'ya pas d'garçon dans tout l'village, qui vous manie mieux la charrue qu'moi, et qui ait plus d'cœur à l'ouvrage. D'puis deux ans qu'j'ons perdu mon père, not'farme, j'crois n'a pas langui : n'ons je-t-i'pas remporté c't'année l'prix d'la course ? Et c't'ours furieux qu'a fait tant d'dégat dans nos campagnes, n'l'ons-je-t-i pas tué tout seul, sans autre arme qu'ma pique ?... Si vous appelez ça être enfant, qu'faut-i' donc faire pour être homme ?

PIERRE.

Prends patience, mon ami. Tu verras bientôt tes souhaits s'accomplir, je t'en donne ma parole ; et. . . . tu peux t'en fier à moi.

SCENE VI.

LES MÊMES, GEORGES, CHARPENTIERS. (*Ces derniers entrent par la grande porte des chantiers.*)

GEORGES, *au fond de la scène, examinant le vaisseau.*

C'EST bon, mes enfans ; c'est bon : ça va comme un charme.

CAROLINE.

V'là mon père.

ALEXIS.

Je m'sauve.

GENEVIEVE, *retenant Alexis.*

Non, non ; reste ici. (*Caroline passe promptement auprès de sa mère et cache Alexis derrière elle.*)

GEORGES, *s'avançant, du ton de la plus grande gaîté.*

Eh ben! quoiqu'vous faite donc là, vous autres ?

GENEVIEVE.

J'tattendons pour dîner, not'homme, t'as tardé ben longtems.

GEORGES.

C'est vrai ; j'viens d'la forêt choisir des pièces de bois dont j'ons besoin... Bonjour ma Catherine... (*A Pierre et à le Fort.*) Bon jour, mes amis, bon jour! . . . (*Il serre la main à Pierre, en le fixant d'un air amical et mystérieux.*)

GENEVIEVE.

Comme t'es gay c'matin, not'homme! l'y a long-tems qu'je n't'ons vu d'aussi bonne humeur.

GEORGES.

N'semble-t-i' pas, à t'entendre, qu'j'ons l'humeur noire ?

ARRIETTE.

Morgué! sans m'vanter, je puis dire,
Que j'suis un bon vivant,
J'aime l'plaisir, et ben souvent
J'suis l'premier à chanter et à rire.
Sensible et généreux,
Sincérement j'désire
Que tout ce qui près d'moi respire
Soit content, soit heureux...
Mais si l'on m'trompe, ou si l'on m'contrarie,
Oh! jarni! c'est plus fort que moi;
Aussi-tôt je m'fâche, je crie,
Je tempête, j'entre en furie.....
On n'est pas toujours maît' de soi.

J'suis vif, j'en conviens ; queuqu'fois même un peu entêté. . .. Dame! faut ben qu'chacun ait ses défauts.

GENEVIEVE.

C'est tout simple. Va, va, aime ben ta Geneviève, et sois vif tant qu'tu voudras, al's'ra toujours heureuse.

GEORGES, *avec attendrissement.*

Oui, toujours heureuse. . . . Qui mieux qu'toi mérite d'l'être ?

GENEVIEVE.

Oh! queu ravisé qui t'prend c'matin de m'dire des douceurs!

GEORGES.

Et ma p'tite Caroline ? . . . T'es fâchée contre moi, j'vois ben ça; tu penses encore à c'qui s'est passé hier au soir.

CAROLINE, *avec embarras, et cachant toujours Alexis derrière elle.*

Mon père. . . .

GEORGES.

Viens, mon enfant, viens; faisons la paix!... Eh ben! tu boudes!... (*Il s'avance pour l'embrasser, et apperçoit Alexis.*) Ah! je n'm'étonne plus, si... (*A Alexis.*) J'voudrions ben savoir qui t'a permis d'paraître ici, et d'parler encore à ma fille.

GENEVIEVE.

Moi.

GEORGES.

Comment!

GENEVIEVE.

Oui, moi. J'en ons l'droit, j'espère.

GEORGES, *avec colère.*

Quoi! c'est ainsi qu'on m'trompe! C'est ainsi qu'on m'brave!... (*A Alexis.*) Va-t-en, ou crains ma colère.

PIERRE.

Doucement, maître Georges, doucement.

CATHERINE.

Modérez-vous, de grace.

LE FORT.

Alexis n'est point coupable.

GEORGES.

Lui? Ah! j'enrage.... Un libertin qui n's'occupe qu'à en conter aux filles; un paresseux qui n'a en tête qu'son amour et ma Caroline qui n'sera jamais pour lui, j'l'en avertis....

CAROLINE.

Mon père!...

GEORGES, *sur le même ton.*

Un fripon, qui hier au soir, a volé....

GENEVIEVE.

A volé!

GEORGES.

Oui, a volé deux baisers à ma fille.

ALEXIS.

Embrasser sa prétendue, c'est-i' donc un si grand crime?

GEORGES.

Ta prétendue, dis-tu? Oh! j'étouffe.... Si j't'attrape, j'te... (*Il veut courir après Alexis; Pierre et le Fort le retiennent*). Sa prétendue ? Ma fille sa prétendue ? . . . J'suis d'une fureur. . . . . (*Ici on entend au loin des instrumens champêtres.*)

GENEVIEVE.

Quoi qu'j'entends-là ?

CAROLINE; *elle court au fond de la scène, et regarde du côté d'où le bruit s'est fait entendre.*

Ah ! bon dieu ! queu monde ! tout c'village est assemblé. . . . On vient de c'côté. (*Le bruit des instrumens recommence et augmente par gradation.*)

SCENE VII.

LES PRÉCÉDENS, MATHURIN, LE VILLAGE.

Mathurin, est au milieu des villageois. Il marche d'un pas chancellent, et porte à la main une couronne de fleurs.

CHOEUR DES VILLAGEOIS.

Célébrons cette journée,
Pour nous si fortunée;
Que Catherine et ses bienfaits
De nos cœurs ne sortent jamais!

CHOEUR DE VILLARDS.

Elle sait, dans notre vieillesse,
Nous faire passer d'heureux jours.

CHOEUR DE JEUNES FILLES.

Al'nous enseigne la sagesse.

CHOEUR DE JEUNES GARÇONS.

Elle protège les amours.

CHOEUR DE TOUS LES VILLAGEOIS.

Célébrons cette journée
Pour nous si fortunée,
Que Catherine et ses bienfaits
De nos cœurs ne sortent jamais!

CATHERINE.

Qu'entends-je ! vous parlez de bienfaits ; vous prononcez mon nom . . . . Mes bons amis, que voulez-vous ?

MATHURIN, *à Catherine.*

Comme l'plus vieux, je suis chargé d'porter la parole,

daignez m'entendre. (*Geneviève excite tout le monde au silence, et Mathurin reprend d'une voix faible et tremblante.*) L'y a aujourd'hui trois ans, Catherine, qu'vous vintes fixer vot'demeure dans c'canton. Depuis c't'heureux tems, chaque jour est marqué par vos bienfaits; chaque jour vous donne d'nouveaux droits à not'reconnaissance; hé ben ! pour vous l'exprimer, et transmettre à nos enfans l'souvenir de vos vertus, j'ons arrêté entre nous, qu'tous les ans, à pareil jour, on célébrerait une fête dans tout l'village; et qu'tant qu'j'aurions l'honneur de vous y posséder, i'vous serait offert, ce jour-là, par le plus ancien de nous tous, une couronne d'fleurs, comme l'gage de not'amitié et l'prix d'vot'bienfaisance.

GENEVIEVE.

Ah ! comme l'cœur me bat... Ma Catherine, mon amie... queu plaisir... queu gloire pour nous d'vous avoir dans not'maison !

CATHERINE, *avec égarement.*

Qu'ai-je entendu ! . . . Quoi, mes amis. . . . Quoi, bon vieillard, (*à Mathurin.*) vous m'avez décerné cette couronne ! (*Mathurin couronne Catherine. Après lui avoir mis la couronnne sur la tête, il exprime par son jeu le desir de l'embrasser. Catherine s'en apperçoit, et presse le vieillard dans ses bras.*

PIERRE, *bas à le Fort.*

O mon ami ! quel spectacle.

LE FORT, *bas à Pierre.*

Et quel moment pour vous !

FINALE.

CHOEUR.

TOUS, *excepté Catherine.*

Célébrons cette journée
Pour nous si fortunée;
Que Catherine et ses bienfaits
De nos cœurs ne sortent jamais !

CHOEUR DE VIEILLARDS.

Elle sait dans notre vieillesse
Nous faire passer d'heureux jours.

CHOEUR DE JEUNES FILLES.

Al'nous enseigne la sagesse,

CHOEUR DE JEUNES GARÇONS.

Elle protège les amours.

TOUS, *excepté Catherine.*

Célébrons cette journée
Pour nous si fortunée ;
Que Catherine et ses bienfaits
De nos cœurs ne sortent jamais !

MATHURIN.

Comme l'plus vieux de ce village,
J'ons eu l'plaisir d'vous couronner :
Catherine, c'bel avantage
A tous nos vieillards va donner
Le desir d'avoir le plus d'âge.

MATHURIN et TOUS LES VILLAGEOIS.

Oui, Catherine, c't'avantage
A tous nos vieillards va donner
Le desir d'avoir le plus d'âge.

MATURIN.	LES VILLAGEOIS.
Il est si doux d'vous couronner !	Qu'i'doit êt'doux d'vous couronner !

CATHERINE, *à part avec l'égarement de la joie.*

Je n'y tiens plus.... Je fonds en larmes....
Quel prix pour si peu de bienfaits !....
Ah ! que ce moment a de charmes !
Non, je ne l'oublirai jamais.

LES VILLAGEOIS, MATHURIN, GENEVIEVE et CAROLINE.	CATHERINE, PIERRE et LE FORT, *chacun à part.*
	CATHERINE.
	Coulez, ô douces larmes.
J'sentons couler nos larmes	Quel prix pour si peu de bienfaits !
Au souvenir de ses bienfaits.	PIERRE et LE FORT.
	Je sens couler mes larmes.
	Heureux qui répand des bienfaits !
Ah ! que ce moment a de charmes !	Ah ! que ce moment a de charmes !
Non, je ne l'oublirai jamais.	Non, je de l'oublirai jamais.
Célébrons cette journée.	Célébrons cette journée.
	CATHERINE.
Pour nous si fortunée !	Pour moi si fortunée.
	PIERRE et LE FORT.
	Pour nous si fortunée.
	CATHERINE.
	Quel prix pour si peu de bienfaits !
	Non, je ne l'oublirai jamais.

	PIERRE et LE FORT.
Que Catherine et ses bienfaits De nos cœurs ne sortent jamais !	Que Catherine et ses bienfaits De nos cœurs ne sortent jamais!

(Les villageois s'en vont avec Mathurin. Pierre, le Fort, Catherine, Geneviève et Caroline rentrent dans la maison de Georges.)

Fin du premier Acte.

ACTE II.

Le théâtre représente l'intérieur de la maison de Georges. C'est une chambre rustique dans laquelle il y a trois portes, une au fond, et une de chaque côté. Celle qui est à la gauche du spectateur, est l'entrée de la chambre de Catherine; on voit auprès, une table entourée de plusieurs bancs. La porte du fond conduit à la chambre de Georges et de Geneviève, celle qui est sur l'autre côté de la scène, est la porte de sortie qui donne sur la place du village représentée au premier acte.

SCENE PREMIERE.

PIERRE, GEORGES.

(Ils entrent par la porte du fond.)

GEORGES, *avec une joie concentrée.*

Nous v'l'a seuls, à la parfin !

PIERRE.

Pouvez-vous vous plaire à affliger ainsi votre fille et Alexis ! se peut-il que vous vous opposiez à faire des heureux!

GEORGES, *souriant et lui serrant les mains.*

Quand j't'aurons conté mes raisons, tu cesseras de m'blâmer, j't'en réponds.

PIERRE.

Je ne pourrai jamais m'empêcher de dire que vous êtes injuste envers Alexis. Que pouvez-vous lui reprocher ?

GEORGES.

Rien; non, ma foi, rien. Il est riche et sage autant qu'amoureux; et j'sis ben sûr qu'i'rendrait ma fille heureuse... Stapendant al' ne s'ra point pour lui.

PIERRE.

Et pourquoi, maître Georges?

GEORGES.

Pourquoi? .... c'est que j'te l'dis en confidence, j'voulons pour gendre queuqu'un qui prenne mes chantiers, et m'succède dans mon état: en un mot un charpentier..... Ecoute-moi, mon ami .... l'y a eu un an l'dix de c'mois qu't'es à mon service. Par le compte qu'j'ons tiré sus mes livres, j'ai vu qu'j'ons gagné c't'année-ci ben plus que d'coutume, c'profit est ton ouvrage; oui, Pierre, c'est l'fruit d'ton zèle à conduire mes ouvriers, de ton adresse à diriger mes travaux; eh ben! j'te l'offre, pour la récompense d'tes peines: et pour te prouver mon attachement et reconnaître celui qu'tu m'portes, j'y joins la main d'ma fille, et j'te fais mon successeur.

PIERRE.

(*A part.*) Ciel! qu'entends-je? ... (*A Georges.*) Mon bon maître, je ne puis vous exprimer combien je suis sensible à cette généreuse préférence; mais il m'est impossible d'y répondre.

GEORGES.

Comment! tu rejettes mes offres!

PIERRE.

Gardez votre argent, maître Georges; je n'en ai pas besoin... je vous assure... Quant à la main de votre fille,.... je ne saurais l'accepter.

GEORGES.

Je n'puis revenir de ma surprise..... Quoi! tu r'fuses d'être mon gendre!... Cruel! je n'te l'pardon'rai d'ma vie.

PIERRE.

(*A part.*) Que ces débats ont pour moi de charmes!.... (*A Georges.*) Je vous parais bien coupable, mon cher Georges; mais quand une fois on a donné son cœur, et surtout qu'on a fait un bon choix, est-il possible de manquer à ses sermens?

GEORGES.

Ah! j'comprends : tu n'veux point de ma fille, parc'qu'une autre a ta foi.

PIERRE.

Vous savez mon secret.

GEORGES.

Eh! que n'me l'disait-tu plutôt! . . . Et peut-on savoir quelle est celle qui. . . .

PIERRE.

La plus belle, la plus vertueuse femme de ce canton; en un mot . . . Catherine.

GEORGES.

Catherine! . . . al't'aurait donné sa foi?

PIERRE.

Oui, maître Georges.

GEORGES.

Ah! qu't'es heureux! i't'fallait un parcil trésor pour te rac'moder avec moi; garde l'bien c'trésor inestimable. J'n'en connais point d'plus précieux au monde.

PIERRE.

Vous me pardonnez donc mes refus?

GEORGES.

Oh! d'bon cœur, loin d't'en vouloir, j't'offre mes soins, tout mon sang s'i'l'faut, pour que tu d'vienne l'époux d'celle dont t'as l'bonheur d'être aimé.

PIERRE.

Eh bien vous tenez mon sort entre vos mains.

GEORGES.

Tant mieux. Explique-toi.

PIERRE.

Vous saurez donc qu'il y a long-tems que je sollicite en secret Catherine de me donner sa main, et de couronner mon amour. Mes demandes toujours avaient été infructueuses : enfin convaincue tout-à-fait de la sincérité de mes sentimens, elle a, ce matin, fixé elle-même le jour qui doit nous unir à jamais.

GEORGES.

Ah ! ce jour s'ra un des plus beaux d'ma vie.... Et quel est-i', mon ami ?

PIERRE.

Celui, maître Georges, où Alexis deviendra l'époux de votre fille.

GEORGES, *avec le délire ds la joie.*

En c'cas, ce s'ra dès d'main.... Oui, dès d'main vous s'rez unis tous les quatre.... j'm'en vas annoncer ça à Catherine, à ma femme, à nos jeunes amoureux ; et d'là j'cours cheux l'tabellion, pour qu'i' vienne faire aujourd'hui les deux actes d'mariage.... Toi, mon ami, attends-moi là ; j'te rejoins dans l'instant. Entends-tu, Pierre ?... Attends-moi là.

Il sort par la porte du fond ; Pierre l'y conduit en exprimant, par son jeu, le plaisir et la reconnaissance : ce qui emploie le tems de la ritournelle du morceau suivant.

SCENE II.

PIERRE, *seul.*

ARRIETTE.

JE vais m'unir à ce que j'aime ;
Sur la tête de la beauté,
Je vais placer le diadème.
Quel heureux sort ! quelle félicité !
Catherine ! ame de ma vie !
Oui, je t'adorerai,
Tant que j'éxisterai.
O mon épouse ! ô mon amie !
Par tes vertus, par ton génie,
Tu me guideras,
Tu me conduiras
Au but où j'aspire.
Oui tu m'aideras
A civiliser mon Empire,
A rendre heureux tous mes sujets,
A répandre par-tout le bonheur et la paix....
Je vais m'unir à ce que j'aime ;
Sur la tête de la beauté,
Je vais placer le diadème.
Quel heureux sort ! quelle félicité !

SCENE III.

PIERRE, CATHERINE.

(*Elle entre sur la scène par la porte du fond.*)

CATHERINE, *à part, en entrant.*

LE voilà seul ; saisissons cet instant pour l'interroger sur sa naissance, et dissiper, s'il est possible, mes soupçons et mon inquiétude.

PIERRE.

Enfin, belle Catherine, rien ne s'oppose maintenant à l'accomplissement de vos promesses, et je vais être votre époux.

CATHERINE.

Oui, Georges vient de nous annoncer qu'il consentait à tout : nous allons être unis ; mais avant de m'engager avec vous, il faut que je sorte d'une incertitude qui trouble mon bonheur. Ecoutez-moi, mon ami ; et surtout soyez sincère... Depuis que vous et André demeurez dans cette maison, vous avez pris sans cesse tous les deux le plus grand soin de cacher qui vous êtes ; vous ne devez avoir aucun secret pour moi ; apprenez-moi donc quelle est votre patrie, quelle est votre famille.

PIERRE.

(*A part.*) Sortons de cet embarras, et cachons toujours qui je suis. (*A Catherine.*) Vous le voulez ? je vais vous satisfaire . . . . Ma patrie est Moscou ; je suis né, m'a-t-on dit, près le palais de nos czars . . . . . Voilà tout ce je sais . . . . (*Avec une honte simulée.*) Quant à mes parens . . . .

CATHERINE.

Eh bien !

PIERRE.

Je les ignore.

CATHERINE.

Vous les ignorez ?

PIERRE.

Hélas ! oui, je ne sais pas à qui je dois le jour . . . . .

il m'en coûte, Catherine, de vous faire un pareil aveu: peut-être va-t-il me rendre méprisable à vos yeux.

CATHERINE.

Méprisable? Le malheur rend-il donc moins estimable? Est-ce votre faute à vous, si le hasard vous a refusé ses faveurs? M'en rendrez-vous, pour cela, moins heureuse?.... Mais ce que vous me dites est-il bien vrai?

PIERRE.

Quoi! vous douteriez?....

CATHERINE.

Oui, Pierre; votre ton, votre manière d'exister, vos sentimens enfin; tout dément en vous ce que vous m'assurez être.

PIERRE.

Mes sentimens, dites vous? Les sentimens sont de tous les rangs, et ce n'est pas la naissance qui les donne; vous en êtes, Catherine, la preuve la plus convaincante.

CATHERINE.

Cependant les vertus qui vous caractérisent, paraissent gravées trop profondément dans votre ame, pour n'y avoir pas germé dès votre enfance; et ces vertus ne peuvent être que le fruit d'une éducation, dont sont privés ces infortunés au nombre desquels vous vous placez.... Comment! vous n'avez jamais rien découvert qui pût vous instruire de votre naissance?

PIERRE.

Non, jamais.

CATHERINE.

Qu'il doit être cruel de ne pas connaître ceux à qui l'on doit le jour!.... O mon ami! que je vous plains!

PIERRE.

Je cesse d'être à plaindre si vous m'aimez toujours, et surtout si vous consentez que je sois votre époux.

CATHERINE.

Si j'y consens?.... Votre situation vous rend à mes yeux plus intéressant encore; et si j'ai des reproches à vous faire, c'est de me l'avoir caché aussi long-tems.

PIERRE.

Pardon, je craignais de perdre votre amitié; de n'être plus regardé comme un égal.

CATHERINE.

Quand on est comme vous, Pierre, on est toujours l'égal de ce qu'on aime; l'amour, le véritable amour ne connaît ni les rangs, ni la naissance; il suffit d'avoir une ame, pour mériter ses faveurs. (*Avec l'ivresse du sentiment.*) Que je vais avoir de plaisir à adoucir votre sort! Vous êtes sans biens; je vous donnerai la moitié du peu que je possède : vous êtes sans parens; je vous en tiendrai lieu. Oui : vous trouverez en moi les soins vigilans d'une mère, la douce amitié d'une sœur, l'amour d'une épouse fidèle dont le bonheur serait parfait si, par ses soins et sa tendresse, elle pouvait détourner vos regards de la solitude qui entoura votre berceau.

PIERRE, *la fixant avec attendrissement.*

Que vous possédez bien le langage du sentiment! ô ma Catherine!.... (*il lui baise les mains*).

DUO.

PIERRE.

Que je bénis ma destinée!
Je vais devenir votre époux.

CATHERINE.

Oui; le plus heuréux hymenée,
Pierre, va m'unir avec vous.

ENSEMBLE

Je vais devenir votre } époux;
Vous allez être mon }
Que ce titre me sera doux!
Que je bénis ma destinée!

PIERRE.

Je n'ai qu'un cœur à vous offrir.

CATHERINE.

C'est le seul bien que je desire.
Sansce cœur l'offre d'un Empire
Ne pourrait m'éblouir.

CATHERINE, *à part.*	PIERRE, *à par*
Amour, amour, c'est ton empire	Pour moi dédaigner un empire!
Que seul je promets de chérir.	Ah! si j'osais me découvrir!

CATHERINE.

Brûler d'une flamme éternelle,
Et posséder un cœur
Vertueux et fidèle:
Voilà, voilà le vrai bonheur.

ENSEMBLE.

Je serai toujours fidèle ;
Oui je brûlerai
D'une flamme éternelle
Et je bénirai
A chaque instant de ma vie,
L'heureuse chaîne qui nous lie.

SCENE IV.

PIERRE, CATHERINE, LE FORT, GENEVIEVE, ALEXIS, CATHERINE, MATHURIN, LE VILLAGE.

Caroline et Alexis soutiennent Mathurin.

MATHURIN, *au fond de la scène.*

OH ? vous n'avez pas besoin de m'soutenir : je sens que l'plaisir ranime mes forces.

GENEVIEVE, *à Pierre et à le Fort.*

Approchez ces bancs, vous autres. (*Plusieurs villageois apportent les bancs qui sont à la gauche du théâtre, et les placent en demi-cercle sur le devant de la scène.*)

PIERRE.

Allons, bon Mathurin, mettez-vous là. (*Mathurin s'assied au milieu des bancs, et Genevieve se met à sa droite*).

MATHURIN.

Mais où c'qu'est donc Catherine ?

CATHERINE.

Me voici, mon bon Mathurin. (*Elle s'assied à la gauche de Mathurin. Les vieillards et les vieilles du village prennent ensuite place ; et, après eux, Pierre et le Fort d'un coté, et Alexis et Caroline de l'autre; Pierre termine l'aile qui est à la droite du spectateur, Alexis celle qui est à la gauche : les jeunes garçons et les jeunes filles du village viennent se groupper derrière tous ces personnages ainsi placés.*)

MATHURIN, *à Catherine.*

O not' bienfaitrice! Queu joie! Queu ravissement, pour moi d'assister encore à vot'mariage et à celui d'mon p'tit Alexis! Ah! qu'on vienne dire à présent que n'gnia plus d'plaisir pour les vieillards!... V'là près de quatre-vingt-dix ans que j'sis au monde, et jamais.... non jamais j'n'ai passé une aussi belle journée.

GENEVIEVE.

Ni moi non plus; excepté s'tapendant celle d'mes nôces. Ah! pour c't'elle-là, j'm'la rapel'rai !... tout'ma vie. J'y eus tant d'plaisir !.... Dame! c'était ben naturel. J'épousais Georges qu'j'aimais d'puis mon enfance. (*Aux vieilles.*) Et vous savez ben, vous autres, qu'lors qu'on s'marie à c'qu'on aime, on est dans un contentement, dans une ivresse...ça n'peut pas s'exprimer ; non, non, ça n'peut pas s'exprimer.

PIERRE.

Maître Georges ne vient point.

CATHERINE.

Il devrait être ici.

GENEVIEVE.

I'n'tard'ra pas, mes enfans ; un peu d'patience.

ALEXIS.

Si André voulait, en l'attendant, nous chanter c'te chanson qu'il a apprise à tout l'village, et que j'aimons tant.

CAROLINE.

Ah! c'est ben dit.

GENEVIEVE.

N'est-ce pas c't'elle-là où c'que'ly a un empereur qui s'fait charpentier ?

ALEXIS et CAROLINE.

Oui, oui, oui.

GENEVIEVE, *à le Fort.*

Allons, André, faut nous la chanter.

LE FORT.

Bien volontiers.

ROMANCE.

(*Pendant cette romance, Pierre exprime par son jeu le plaisir poussé jusqu'à l'égarement, et Catherine d'un air inquiet et surpris, suit tous les mouvemens de l'empereur.*

Premier couplet.

Jadis un célèbre empereur
Remit le soin de son empire
Entre les mains d'un sage gouverneur
Pour courir le monde et s'instruire.

Les trésors, les rangs, la grandeur
Ne font pas toujours le bonheur.

CHOEUR,

Les trésors, les rangs, la grandeur
Ne font pas toujours le bonheur.

Second couplet.

Il prit l'habit d'un charpentier
Afin de cacher sa naissance;
Et visita jusqu'au moindre chantier
De l'Angleterre et de la France.
Les trésors,...... etc.

CHOEUR.

Les trésors,...... etc.

Troisième couplet.

Courbé sous de pésans fardeaux,
Couvert de sueur, de poussière,
De la marine il suivi les travaux
Pendant près d'une année entière.
Les tresors,....... etc.

CHOEUR.

Les trésors,...... etc.

Quatrième couplet.

Il prend la hache, le marteau,
Au lieu de sceptre, de couronne,
Et réussit à construire un vaisseau,
Dont la beauté séduit, étonne.
Les trésors,...... etc.

CHOEUR.

Les trésors,...... etc.

Cinquième et dernier couplet.

Grands rois, superbes potentats,
Quittez vos cours, vos diadêmes:
Ainssi que lui, sortez de vos états,
Voyagez, travaillez vous-mêmes;
Et vous verrez que la grandeur
Ne fait pas toujours le bonheur.

CHOEUR.

Et vous verrez que la grandeur
Ne fait pas toujours le bonheur

ALEXIS.

La jolie chanson! la jolie chanson!

CATERINE.

André la chante avec une expression....

PIERRE, *avec la plus grande émotion.*

Oui, il m'a ému à un point... que je ne puis exprimer.

GENEVIEVE.

La chanson est jolie, faut en convenir ; mais al'le s'rait ben davantage, si tout c'qu'al'dit était vrai ; car i'n'faut pas vous imaginer qu'vous m'ferez accroire qu'un empereur a quitté son palais, sa cour, toute ses magnificences enfin, pour courir le pays, et apprendre l'métier de charpentier. Je n'croirai jamais ça ; non, non, je n'croirai jamais ça.

LE FORT.

Le fait est certain, mère Geneviève... Tenez, demandez à Pierre.

PIERRE, *avec le plus grand embarras.*

Rien n'est plus vrai, je vous assure.

SCENE V.

LES MÊMES, GEORGES, LE TABELLION.

GEORGES, *avec l'ivresse de la gaité.*

Bon jour, bon jour à tout le monde !

LE TABELLION.

Bon jour, mes enfans, bon jour !

GEORGES.

Eh ! v'là l'bon Mathurin. (*Il s'assied à côté de Geneviève, et fait placer le tabellion entre lui et Mathurin.*) Allons, mon vieux ami ; vous avez signé l'acte d'mariage de feu mon père, vous avez signé le mien, vous signerez encore c't'ilà d'ma fille, et d'vot' petit neveu. (*Pendant que Georges parle ainsi à Mathurin, deux jeunes garçons apportent une table qu'ils placent devant le tabellion.*)

LE TABELLION, *tirant de sa poche une écritoire et des papiers.*

Par lequel des deux actes commencerons-nous ?

GEORGES.

Par celui de Pierre et de Catherine.

LE TABELLION, *écrivant.*

Fort bien... Voyons d'abord les noms. (*A Pierre.*) Comment te nommes-tu, mon ami ?

PIERRE, *avec embarras.*

Pierre.

LE TABELLION.

Oui, je le sais; mais c'est ton nom de famille que je demande.

PIRRRE, *avec plus d'embarras encore.*

Je... n'en ai point d'autre.

CATHERINE.

Pourquoi rougir des caprices du sort? Dites tout simplement que vous ne connaissez point vos parens.

LE TABELLION.

Comment! est-ce qu'il ignore sa naissance?

PIERRE.

Oui, Monsieur.

LE FORT, *bas à Pierre.*

Le détour est adroit.

LE TABELLION, *écrivant toujours.*

Ah! c'est différent, c'est différent.

GENEVIEVE.

Je ne m'étonne pas si toujours i'nous en a fait mystère.

LE TABELLION.

Qu'est-ce que la future apporte en mariage?

PIERRE.

Rien, monsieur; le peu qu'elle a, c'est pour les malheureux.

MATHURIN.

Ah! c'est ben vrai, ça, c'est ben vrai.

LE TABELLION, *à Pierre.*

Et toi, mon ami, tu n'as rien non plus; n'est-ce pas?

PIERRE.

Mon dieu! non, monsieur; je n'ai que mes bras et mon amour pour Catherine.

LE TABELLION.

Va, va, tu es plus riche que tu ne penses; maître Georges m'a fait part de ses intentions pour toi. Les voilà insérées dans cet acte; je vais t'en donner lecture.

PIERRE, *bas à le Fort.*

Que veut-il dire?

LE TABELLION.

Bon ! . . . (*Il cesse d'écrire.*) Ecoutez-moi . . . (*Il lit.*) M'y voilà. . . . « Est également comparu Georges Morin, » maître charpentier, demeurant en ce village, lequel voulant reconnaître les bons services que lui a rendus ledit » Pierre, et lui prouver l'amitié qu'il lui porte, s'est » démis, et, par ces présentes, se démet, en sa faveur, » de tous les chantiers, ateliers, outils, bois et charpentes » qui peuvent lui appartenir, comme aussi du vaisseau maintenant en construction sur les plans et sous la conduite » dudit Pierre. »

CATHERINE.

Ciel !

PIERRE.

Qu'entends-je ?

LE FORT, *bas à Pierre.*

Vous voilà maître charpentier.

LE TABELLION, *continuant de lire.*

« Donne en outre . . . donne en outre ledit Georges Morin audit Pierre, la somme de quatre cens ducats; laquelle somme ledit Morin reconnaît lui avoir été produite » par les talens dudit Pierre; et surtout par le zèle qu'a » mis constamment ce dernier à le servir et à conduire ses » travaux. » (*Il continue d'écrire.*)

PIERRE.

Dieu ! (*Il s'élance de sa place; Georges en fait autant.*) Maître Georges ! . . . mon ami ! . . . je ne saurais parler; mon cœur est trop plein. (*Il se jette dans les bras de Georges, et ils s'embrassent au milieu de l'assemblée.*)

DIALOGUE EN CHANT.

PIERRE.

O ciel ! que viens-je d'entendre !
Mon ami !... mon bienfaiteur !

GEORGES.

J'n'ai pu te faire mon gendre;
Sois du moins mon successeur.

TOUS, *excepté Georges.*

Quel trait de bienfaisance !

CATHERINE.

Je reconnais bien là son cœur.

LE VILLAGE.

Quel trait de bienfaisance !
Je r'connoissons ben là son cœur.

GEORGES *à Pierre.*

Pour moi quelle jouissance !
Je t'fais sorti' d'l'indigence
Et j'assure ton bonheur.

PIERRE, *à part.*

Pour moi quelle jouissance !
Sous l'habit de l'indigence
Je trouve le vrai bonheur.

PIERRE, LE FORT, *Chacun à part.*

Pour {moi / lui} quelle jouissance !
Sous l'habit de l'indigence
{Je / Il} trouve le vrai bonheur.

CATHERINE, *A part.*

Pour moi quelle jouissance !
Pierre sort de l'indigence,
Et trouve le vrai bonheur.

GEORGES. *A part.*

Pour moi quelle jouissance !
Je l'fais sorti' d'l'indigence,
Et j'assure son bonheur.

GENEVIEVE. et tous les autres.

Pour nous tous queu jouissance!
Pierre sort de l'indigence,
Et trouve le vrai bonheur.

PIERRE, *à Georges.*

Comptez sur ma reconnoissance
Jusqu'à mon dernier soupir !

GEORGES.

N'me parle point d'reconnoissance;
Promets-moi de me chérir :
Je n'veux qu'ça pour ma récompense.

GEORGES.

Oui; pour tout'récompense,
Promets moi de me chérir.

GENEVIEVE, CAROLINE.

Oui ; pour tout'récompense.
Promettez de le chérir.

PIERRE, *à part avec la plus grande émotion.*

Dieux ! comme il vient de m'attendrir !
Ah ! s'il connoissait ma naissance....
Concentrons ma reconnoissance,
De crainte de me découvrir.

A Georges.

Mon cher Georges, mon maître !
Oui, j'accepte vos dons.. . Un jour viendra peut-être
Où je pourrai vous offrir
Les preuves de mon souvenir....
Comptez toujours, comptez d'avance
Sur mon amitié, sur mon cœur.

PIERRE, LE FORT, *Chacun à part.*	CATHERINE, *A part.*
Pour {moi / lui} quelle jouissance !	Pour moi quelle jouissance !
Sous l'habit de l'indigence,	Pierre sort de l'indigence,
{Je / Il} trouve le vrai bonheur.	Et trouve le vrai bonheur.

GEOORGES, *A part.*	GENEVIEVE, et tous les autres.
Pour moi quelle jouissance !	Pour nous tous queu jouissance !
Je l'fais sorti d'l'indigence,	Pierre sort de l'indigence,
Et j'assure son bonheur.	Et trouve le vrai bonheur.

LE TABELLION, *cessant d'écrire.*

L'acte est fini ; il n'y a plus qu'à le signer. (*Il présente la plume à Catherine, qui signe. Pierre, Georges, Geneviève, le Fort et Mathurin, signent ensuite.*

PIERRE, *pendant que Mathurin signe.*

La main vous tremble, bon Mathurin.

MATHURIN.

C'est vrai. Qu'veux-tu, mon ami ? c'est l'effet d'l'âge et du plaisir. (*Alexis et Caroline signent aussi, et après eux les habitans du village.*)

ALEXIS.

Est-ce qu'on n'va pas faire itout not'acte d'mariage ?

LE TABELLION, *arrangeant des papiers.*

Un moment, enfant, un moment.

SCENE VI.

LES MEMES. MENSIKOFF, *suivi de plusieurs soldats.*

Mensikoff fixe avec joie et admiration Pierre et le Fort qu'il feint de ne pas connaître.

PIERRE, *bas à le Fort.*

Que vois-je ! Mensikoff.

GENEVIEVE, *à Georges.*

Quoi qu'nous demande c'grand seigneur-là ?

Tous les personnages assis se lèvent et se retirent en arrière. Les jeunes garçons emportent la table et les bancs.

MENSIKOFF.

N'est-ce pas ici la demeure de Georges-Morin, maître charpentier?

GENEVIEVE.

Oui, monsieur... (*Se reprenant.*) Oui, monseigneur, c'est mon mari... Le v'la, monseigneur, le v'la.

GEORGES.

Qu'y a-t-il pour vot'service?

MENSIKOFF.

Parmi les ouvriers qui travaillent dans vos chantiers, il doit y en avoir deux, dont l'un se nomme Pierre et l'autre André.

GEORGES.

C'est vrai, monseigneur; les voici. (*Il montre Pierre et le Fort.*)

CATHERINE, *bas à Pierre.*

Que vous veut-il?

MENSIKOFF, *à Georges.*

Je désirerais leur parler en particulier : vous serait-il possible de me laisser ici seul avec eux?

GEORGES.

Volontiers, monseigneur.... (*Au Tabellion.*) Passons dans c'te chambre; (*Il désigne la porte de la chambre de Catherine.*) J'y f'rons pendant c'tems-là, l'acte d'mariage de Caroline et d'Alexis.

(*Il emmène tout le monde. Catherine sort la dernière d'une démarche lente, et d'un air inquiet, en regardant à plusieurs reprises, les personnages qui restent sur la scène.*)

SCENE VII.

PIERRE, LE FORT, MENSIKOFF, SOLDATS.

MENSIKOFF.

Enfin je vous revois!... O Pierre! O mon czar!... et vous, le Fort, digne ami du plus grand monarque, sous quels habits je vous retrouve tous les deux!

PIERRE.

Parlez plus bas, mon cher Mensikoff, de crainte de nous faire connaître.

LE FORT.

Qui peut vous amener ici ? Tout est-il tranquille à Moscou ? Les troubles sont-ils appaisés ?

MENSIKOFF.

S'il en était ainsi, aurais-je abandonné un seul instant le gouvernement de l'empire ? . . . Non, non ; la discorde s'est emparée de tous les esprits, et j'ai couru moi-même les plus grands dangers.

PIERRE.

Dieux ! que me dites-vous ?

MENSIKOFF.

Fidèle à exécuter les ordres de votre majesté, pendant tout le tems que vous avez parcouru les différentes parties de l'Europe, j'ai communiqué aux grands de votre cour, et vos projets, et les moyens auxquels vous vous abaissiez vous même, pour faire fleurir un jour les arts dans votre empire. Surpris, charmés, tous en silence bénissaient votre nom, et attendaient patiemment votre retour ; mais depuis que, revenu dans vos états, vous m'avez ordonné de taire l'endroit que vous habitiez ; les boyards, jaloux du rang et du pouvoir dont votre majesté m'a revêtu, ont tous résolu de me perdre. Ils ont attaqué mon honneur : ils ont semé des soupçons sur ma conduite. Alors, on m'a accusé d'être seul la cause de votre absence, d'avoir attenté à vos jours, de chercher à envahir votre trône. . . . Vous le dirai-je enfin ? regardé comme un traître, comme un usurpateur, j'ai été arraché de votre palais, conduit à la tour, et chargé de fers.

PIERRE.

Ciel !

LE FORT.

Il vous était facile de prouver votre innocence, en montrant les ordres que l'empereur vous adresse journellement.

PIERRE.

Sans doute.

MENSIKOFF.

C'eût été, mon prince, trahir le secret dont vous m'aviez fait dépositaire ; c'eût été désigner ce village où vous m'ordonniez sans cesse de vous laisser ignoré. Je me suis déterminé à supporter l'esclavage, l'ignominie, la mort même, plutôt que de vous désobéir et vous déplaire.

PIERRE.

A ce trait je reconnais bien Mensikoff. Achevez : apprenez-moi les suites de ces troubles affreux.

MENSIKOFF.

Le sénat s'est assemblé, m'a fait paraître devant lui ; et sans respect pour mon rang, sans égard pour mes services ; il m'a condamné à perdre la tête, si votre majesté n'est rendue promptement à son peuple . . . J'ai demandé alors à être conduit en ces lieux, où j'arrive escorté de vos officiers et de trois cens hommes que j'ai fait arrêter à quelques pas d'ici ; et seul, sous la garde de ces soldats, (*Il montre les soldats qui l'accompagnent*) j'accours déposer mes malheurs à vos pieds ; (*Il se jette aux pieds de l'empereur*) et sur-tout prier votre majesté de rétablir l'honneur d'un serviteur fidèle.

PIERRE.

Relevez-vous, Mensikoff, relevez-vous, vous dis-je. C'est dans mes bras, et non pas à mes pieds, que doivent se jeter des serviteurs.... des amis tels que vous (*Il se relève et l'embrasse.*)

MENSIKOFF.

Ah ! cette faveur me fait oublier tous mes maux.

LE FORT.

Il n'y a pas un instant à perdre ; venez, mon prince, venez vous montrer à votre cour.

PIERRE.

Oui, volons : et d'un regard dissipons ces orages.. . . Mes amis, les momens sont chers ; (*A Mensikoff.*) allons d'abord me montrer à votre escorte ; je veux lui annoncer moi-même votre héroïsme, votre innocence : nous reviendrons ensuite ici payer toutes les dettes de mon cœur. . . . (*Ici Catherine paraît à la porte de sa chambre, elle s'avance doucement, sans être apperçue des personnages qui l'occupent, mais d'assez près pour entendre les mots suivans.*) O toi pour qui je brûle du feu le plus sacré ! toi que je voulais épouser sous cet humble vêtement. . . cet union, sans éclat, m'eût rendu plus heureux ; mais il n'y faut plus songer... (*mouvement de*

Catherine.) Nous sommes seuls, profitons de cette instant pour sortir de cette maison, sans y causer le moindre trouble : venez, guidez mes pas.

MENSIKOFF, *à part.*

Quel bonheur ! Je vais enfin l'arracher de cette obscure retraite. (*Pierre, le Fort, Mensikoff et les soldats sortent par la porte qui est à la droite du théâtre.*)

SCENE VIII.

CATHERINE, *seule.*

RÉCITATIF.

QU'ENTEND-JE !... Pierre !... (*Elle s'élance à la porte par laquelle l'empereur vient de sortir.*)

Pierre !... il échappe à ma vue...
A cette trahison me serais-je attendue....
Quoi ! sur le point de nous unir,
Il m'abandonne... ô ciel ! que devenir !

(*Elle tombe sur des bancs, et delà sur une table qui est auprès.*)

SCENE IX.

CATHERINE, *évanouie.* GEORGES.

FINALE.

GEORGES.

QUE vois-je ?
(*Il accourt à Catherine, et la prend dans ses bras.*)
Elle est évanouie....
(*Se retournant vers la porte de la chambre de Catherine.*)
Gen'viève ! ma fille ! Alexis !

SCENE X.

CATHERINE, *toujours évanouie*, GEORGES, GENEVIEVE, CAROLINE; MATHURIN, LE VILLAGE.

GEORGES.

VENEZ m'aider ! ô mes amies !
A la rappeler a la vie.

GENEVIEVE, CAROLINE, ALEXIS, *soulevant Catherine.*

Catherine !... notre amie !...

MATHURIN, LE VILLAGE.

Qui peut troubler ainsi son cœur?

CATHERINE, *d'une voix étouffée.*

Il est parti... quel coup terrible...

TOUS, *excepté Catherine.*

Vivez, vivez pour not' bonheur;
Et dissipez notre frayeur.

CATHERINE.

Il est parti! grands Dieux! est-il possible!
(Elle revient à elle par gradation en regardant tous ceux qui l'entourent.)
Quoi! c'est vous mes amis!

GEORGES, GENEVIEVE, MATHURIN, ALEXIS, CAROLINE.

Quelle douleur affreuse
Egare vos esprits!
Qui peut vous arracher ces cris?

CATHERINE, *avec l'abatement de la douleur.*

Ah! plaignez une malheureuse:
Pierre.... vient pour jamais.... de s'enfuir de ces lieux.

TOUS, *excepté Catherine.*

Que dites-vous! ô dieux!
Quoi! la veille d'son mariage!
Ah! queu trahison! quel outrage!

CATHERINE.

Que j'expire au moins dans vos bras!
(Elle se jette dans les bras de Georges et de Genevieve.

GEORGES, GENEVIEVE, ALEXIS, CAROLINE.

Ranimez votre courage:
Oubliez un pareil outrage:

TOUS, *excepté Catherine.*

Vivez, vivez pour not' bonheur;
Et dissipez notre frayeur.

CATHERINE, *avec l'égarement de la douleur.*

Au moment de son mariage!...
A ce malheur, à cet outrage:
Non, non, je ne survivrai pas...
Que j'expire au moins dans vos bras!

GEORGES, GENEVIEVE, MATHURIN, ALEXIS, CAROLINE.

Ah! ranimez votre courage:
Oubliez un pareil outrage.....
El'ne nous entend plus. hélas!..
Elle va mourir dans nos bras.

LE VILLAGE.

Quoi! la veille d'son mariage!
Ah! queu trahison! quel outrage!
A c'coup el'ne survivra pas:
Elle va mourir dans leurs bras.

(Catherine retombe évanouie dans les bras de ceux qui l'entourent.)

Fin du second Acte.

ACTE III.

Le théâtre représente un lieu solitaire et voisin du village, dont on apperçoit quelques maisons à la droite du théâtre ; au fond est une haute colline qui se termine en pente sur la scène.

SCENE PREMIERE.

CATHERINE, GEORGES, GENEVIEVE, CAROLINE. *Ils entrent par le côté gauche du théâtre.*

CATHERINE.

LAISSEZ-MOI, mes bons amis ; laissez-moi ; quand je suis près de vous, les larmes que vous mêlez aux miennes, augmentent encore ma douleur . . . . . Laissez-moi.

GENEVIEVE.

Nous, vous abandonner dans ces tristes momens! . . Non, non, j'ne vous quittons pas.

CAROLINE.

Souffrez que j'restions avec vous.

GEORGES.

N'vous dérobez pas aux caresses, aux secours de toute une famille qui vous aime, et qui voudrait vous consoler.

CATHERINE.

Me consoler ! ah ! ne l'espérez pas. . . . Que je suis malheureuse !... Qui m'eût dit que les pleurs que m'arrachaient ce matin les sentimens les plus doux, feraient sitôt place à ceux du plus affreux désespoir !

GEORGES.

Rev'nez à vous Catherine ; rev'nez à vous. Oubliez un trompeur, un infidèle indigne d'mes bontés et du nom d'votre époux.

CATHERINE.

(*Avec égarement.*) Quel outrage, grands dieux, et quelle perfidie ! . . . Se montrer aimable et vertueux, me donner sa foi, arracher la mienne ; et, à l'instant de prononcer le serment de notre union, s'enfuir et m'abandonner ! . . . . . Va cruel, va porter ailleurs tes fausses vertus ; pour moi, je vais m'occuper à t'effacer de mon souvenir, à t'oublier pour toujours . . . . . Que dis-je, t'oublier ! .... Le pourrai-je ! .... Tout dans ces lieux t'offrira sans cesse à ma pensée ; tout me rappelicra et ton nom et ton crime... Eh bien ! je m'en irai ; oui, je m'enfuirai pour jamais loin de ces bords.

GEORGES.

Qu'entends-je ?

CAROLINE.

O Ciel ! que dites-vous ?

GENEVIEVE.

Quoi ! vous nous quitteriez ?

QUATUOR.

GEORGES, GENEVIEVE, CAROLINE.

Au nom d'la douce amitié,
Qui d'puis si long-tems nous lie,
De nos pleurs ayez pitié.

Restez près d'nous ; { Georges vous en supplie.
Gen'vieve vous en prie.
Carolin'vous en prie. }

CATHERINE.

Quoi, vous pleurez, hélas !
Séchez vos pleurs ; n'augmentez pas
Les maux de votre amie.

GEORGES.

Où porteriez-vous vos pas,
Pour être plus chérie
Que vous n'l'êtes dans ces climats ?

CATHERINE.	GEORGES, GENEVIEVE, CAROLINE.
Qui ? moi, sortir de ces climats !	Dans queu pays, dans queux climats
Séchez vos pleurs ; n'augmentez pas	Voudriez-vous porter vos pas
Les meaux de votre amie :	Pour être plus chérie ?...
Non, je ne vous quitterai pas.	Non, vous ne nous quitterez pas.

CATHERINE.

Me séparer de vous !.... hélas !
Je n'en aurais pas le courage.

Oui, je reste dans ce village;
Mais je ne pourrai faire un pas,
Sans du perfide Pierre y rencontrer l'image.

GEORGES.

C'est un ingrat, un imposteur;
Faut l'effacer de votre cœur.

CATHERINE.	GEORGES, GENEVIEVE, CAROLINE.
L'ingrat! le traitre! l'imposteur!	C'est un ingrat, un imposteur;
Il a détruit tout mon bonheur.	Faut l'effacer de votre cœur.

GENEVIEVE.

Moi qui l'i tenais lieu de mère!

CAROLINE.

Moi qui le r'gardais comme un frère!
Oh! comme à présent je le hais!

GEORGES.

Il paraissait si noble et si sincère:
Le cruel a trahi les sermens qu'il m'a faits.

GEORGES, GENEVIEVE, CAROLINE.

Queu fausseté! quelle ame noire!
Ah! c'est un ingrat, un trompeur.

CATHERINE.

A le voir qui pourrait le croire?

CATHERINE.	GEORGES, GENEVIEVE, CAROLINE.
Oui, c'est un ingrat, un trompeur.	Oui, c'est un ingrat, un trompeur.
Dieux! faites que cet imposteur,	Dieux! faites que cet imposteur,
Pour jamais sorte de mon cœur,	Pour jamais sorte de son cœur,
Et s'efface de ma mémoire!	Et s'efface de sa mémoire.

SCENE II.

LES MÊMES, ALEXIS, *il descend la colline avec précipitation.*

ALEXIS, *tout essoufflé, et d'une voix entrecoupée.*

J'LAI vu! j'lai vu....

GENEVIEVE.

Qu'veux-tu dire?

ALEXIS

J'lai vu! vous dis-je; il est encore ici....

GEORGES, *avec impatience.*

Qui?

ALEXIS.

Pierre....

CATHERINE.

Qu'entends-je?

GEORGES.

S'rait-i' possible ?

ALEXIS.

Oui, Pierre et André. . . . J'les ons vu tous les deux. . . . là-haut, à l'entrée d'la forêt. . . . I'z'étions avec ce grand seigneur de tantôt . . . entourés d'pus trois cens. . . . Oh oui ben trois cens soldats qui s'prosternaient à leux g'noux, en poussant des cris de d'joie . . . . Et pis Pierre et André s'embrassaient au milieu d'tout ça . . . Et pis i'z'ons quitté leux habits, pour en prendre d'autres tous couvers d'or et d'gniamans.... Et pis les soldats se sont mis sous l'zarmes.... Et pis les drapeaux, les tambours, les trompettes.... Ah ! mon dieu, mon dieu qu'c'était beau !

CATHERINE.

Quels pressentimens viennent m'agiter ?

GENEVIEVE.

Quoi qu'ça signifie donc tout-ça ?

GEORGES.

J'n'en sais rien.

CATHERINE.

Hélas ! je le divine sans peine. Pierre, vous le savez, ignorait sa naissance ; ce grand seigneur, il n'en faut plus douter, est venu l'en instruire et l'enlever de ces lieux. . . . (*Ici Mensikoff paraît au haut de la colline.*) Ciel ! le voici... Il vient à nous . . . . ô mes amis ! ne m'abandonnez pas ; aidez-moi à lui cacher le trouble qui m'égare.

SCENE III.

LES MÊMES, MENSIKOFF.

MENSIKOFF *s'avançant vers Catherine qu'il fixe du fond du théâtre.*

(*A Catherine, en désignant la couronne de fleur qu'elle a sur la tête.*)

A ce signe respectable, je vois que c'est vous que l'on nomme Catherine.

CATHERINE, *froidement et avec dignité.*

Oui, moi-même . . . . Vous venez, je le prévois, vous

venez nous annoncer que Pierre quitte notre village.

MENSIKOFF.

Oui, demain nous partons pour Moscou.

CATHERINE, *à part.*

Demain! ô dieux! c'en est donc fait!... (*A Mensikoff.*) Je m'étais bien doutée qu'un être tel que lui, était sorti d'un sang illustre.... Vous êtes sans doute un de ses amis.... de sa famille peut-être?

MENSIKOFF.

De sa famille.... Oui, je suis un de ses enfans.

GENEVIEVE.

Quoi! monseigneur is'rait vot' père!

MENSIKOFF.

Oui, mes bons amis.

CATHERINE.

Comment cela se peut-il! son âge, monseigneur....

MENSIKOFF.

Il est mon père, vous dis je, il est aussi le vôtre; il est celui de tous ceux qui habitent ces contrées. Un grand homme occupé sans cesse du bonheur de ses semblables, n'est il pas, en effet leur véritable père? Apprenez donc, mes amis, apprenez, belle Catherine, que ce mortel aimable qui vous semblait si obscur, que cet ouvrier qui, depuis si long tems, vit et travaille parmi vous...est...grand dieu! qui pourrait le croire!.. est... Pierre Alexiowitz, notre empereur et notre maître.

TOUS, *excepté Mensikoff.*

Ciel!

CATHERINE.

De quel coup tous mes sens sont frappés!.. O prodige! ô vertus à jamais mémorables! Quoi ce front que tant de fois j'ai vu couvert de la sueur du travail avait porté le diadême! Quoi cet homme si simple, si modeste, cet ouvrier si habile est Pierre notre empereur!... il nous assurait cependant.... Il me le disait ce matin encore... qu'il ignorait sa naissance, qu'il était sans appui, sans....

GENEVIEVE.

Mon dieu! oui, monseigneur; si ben qu'j'ons cherché à adoucir son sort, ni pus ni moins, qu'si c'eût été un pauvre abandonné.

CATHERINE.

Mais voilà plus d'un an qu'il est dans ce village ; pourquoi nous cacher aussi long-tems son rang et sa puissance ?

MENSIKOFF.

Pourquoi ! belle Catherine ! pour jouir auprès de vous, du plaisir bien doux pour un monarque, de se voir aimé pour ce qu'il vaut et non pour ce qu'il est ; pour lire au fond de votre ame, apprécier en secret tout ce qui la décore, gagner par degrés votre confiance, votre attachement, et s'assurer par-là, de pouvoir un jour associer à son trône une femme qui l'égalât en vertus.

CATHERINE.

Que dites-vous ?

MENSIKOFF.

O la plus fortunée des femmes ! Il n'est plus tems de vous le taire ; oui, Pierre vous a choisie pour son épouse. . . Il va venir vous donner lui-même ce titre sacré, en présence de ses officiers et des habitans de ces lieux. Je viens de sa part, vous préparer à ce grand évènement ; et vous rendre, le premier, l'hommage d'un serviteur fidèle. (*A Georges et aux autres.*) O mes amis ! tombez avez moi aux pieds de votre souveraine.

TOUS, *excepté Mensikoff.*

Dieu ! (*Mensikoff, Georges et tous les autres se jettent aux pieds de Catherine qui les relève aussi-tôt.*

CATHERINE, *avec le plus grand égarement.*

Que faites-vous ? . . . Juste ciel ! que faites-vous ! . . . Qui, moi votre souveraine ! . . . Moi l'épouse du czar ! . . Jamais, jamais !... Ce serait sur moi, obscure et ignorée, que le plus grand des princes et des hommes aurait fixé son choix ! . . Mes amis, pouvez vous bien le croire ? . . . (*A Mensikoff.*) Au nom de dieu ! ne vous jouez pas de ma faiblesse . . . . Ayez pitié d'une femme éperdue ; et n'augmentez pas encore son trouble et ses tourmens.

MENSIKOFF.

Ranimez vos forces ; rappelez vos sens égarés ; et pour vous disposer à la gloire, au bonheur qu'on vous prépare, songez, vertueuse Catherine, songez que vous en êtes digne...

L'empereur m'attend, je cours le rejoindre et commander la garde qui l'environne. (*A Georges et aux autres.*) Vous, mes amis, faites assembler ici tous les habitans de ces rivages, afin qu'ils se joignent à vous, pour offrir à notre grand monarque les tributs d'amour et les hommages qui lui sont dûs.

GENEVIEVE, *avec le délire de la joie.*

J'y courons, monseigueur; j'y courons.... (*Mensikoff s'éloigne et remonte la colline. Au même instant, Mathurin, le Tabellion et le village paraissent au fond du théâtre. Alexis et Caroline courent au devant d'eux; et pendant que Geneviève récite le couplet suivant, ils font sentir par leur jeu, qu'ils racontent aux personnages qui entrent, la scène qui vient de se passer avec Mensikoff.*) C'est moi, c'est moi qui veux apprendre à tout l'monde, à tout l'village ces gran des nouvelles... J'avions ben d'la peine aussi à croire que Pierre fût un méchant, un parjure; i'porte sur son visage un air si bon, si vrai... Oh! je ne me trompe jamais à la mine d'un honnête homme, moi; je n'm'y trompe jamais.

SCENE IV.

LES MÊMES, MATHURIN, LE TABELLION, CHARPENTIERS, VILLAGEOIS et VILLAGEOISES.

DIALOGUE EN CHANT.

CAROLINE, ALEXIS, *au village.*

Oui, Pierre est not'prince et not'maître.

LE VILLAGE.

Ah! queu surprise! ah! queu bonheur!
Dieu! cela peut-il être!

CATHERINE, *s'élançant au milieu de tous les villageois.*

Oui, mes amis, celui que je croyais un traître,
Un infidèle, un imposteur....
Oui.... c'est Pierre, notre empereur.

LE VILLAGE.

Ah! queu surprise! ah! queu bonheur!

GEORGES

Ici bientôt i'va paraître:

Amis, il faut nous réunir
Pour le chanter, pour le bénir.

GENEVIEVE, CAROLINE, ALEXIS, MATHURIN, LE VILLAGE.

Amis, il faut nous réunir
Pour le chanter, pour le bénir.

(*Une marche militaire se fait entendre dans le lointain et s'approche par degrés.*)

CHOEUR.

Le voilà qui s'avance;
Ah! quel bonheur!
Faisons silence!
Silence!....

CATHERINE, *à part.*

Comme je sens battre mon cœur.

(*Pendant la marche, Mensikoff descend la colline à la tête d'une partie des gardes de l'empereur dont ils portent les étendards. Il les fait ranger en demi-cercle au fond du théâtre. Ensuite Pierre paraît. Il est dans tous l'éclat de la majesté impériale; a la main droite appuyée sur l'épaule de le Fort, vêtu en boyard et est suivi de ses officiers et du reste de ses gardes. Ce cortège est terminé par une compagnie de soldats qui couvrent la colline.*)

SCENE V ET DERNIERE.

LES PRÉCÉDENS, PIERRE, LE FORT, MENSIKOFF, OFFICIERS, GARDES et SOLDATS. *Aussitôt que Pierre a descendu la colline, l'air de la marche cesse.*

PIERRE, *relevant Catherine avec précipitation.*

Relevez-vous.... (*Tous ceux qui s'étaient inclinés, se relèvent.*) Habitans de ces rivages mes bons amis, mes camarades.... il ne m'est plus possible de feindre; oui, je suis Pierre Alexiowitz, votre empereur; et voici le Fort, mon ministre, mon guide, mon ami. Nous aurions joui quelque tems encore du plaisir de vivre ignorés parmi vous; mais des troubles qui se sont élevés à ma cour, me forcent d'y reparaître au plutôt.... Je n'ai pas voulu, mes amis, vous quitter, sans vous voir, je viens vous faire mes adieux, et vous payer toutes les dettes que m'impose la plus juste reconnaissance..... (*A Georges.*) Embrassons-nous, mon cher Georges ! (*Georges hésite et n'ose s'approcher de Pierre qui s'élance vers lui, et le presse dans ses bras.*)

GEORGES.

Ciel ! vous daignez vous abaisser . . .

PIERRE.

M'abaisser ! Va, brave homme, va, cette position nous honore également tous les deux. Me croyant pauvre et sans parens, tu as été mon bienfaiteur ; je dois à mon tour être le tien . . . Et vous belle et vertueuse Catherine, que ne vous dois-je pas ! C'est vous qui avez dompté ce cœur né barbare et sauvage ; c'est vous qui y avez semé par degré, le germe des plus doux sentimens : ô ma bienfaitrice ! ô ma précieuse amie ! je viens vous élever à un rang digne de votre mérite ; Catherine, recevez le titre d'Impératrice, et soyez mon épouse.

CATHEINER.

Ai-je bien entendu !... Quoi Pierre !... (*Se reprenant*). Quoi ! votre majesté voudrait . . .

PIERRE.

Oui ; pour assurer mon bonheur et celui de mes peuples, je veux vous attacher à moi par des liens indissolubles, et vous associer à ma couronne.

CATHERINE.

Non, non : tant d'éclat n'est pas fait pour moi.... O mon auguste maître ! laissez-moi dans le rang où le destin m'a placée. J'y pourrai peut-être remplir avec honneur la tâche d'une femme obscure ; mais celle d'une souveraine est audessus de mes forces ; je dois la refuser.

PIERRE.

Et c'ést vous Catherine, qui me tenez ce langage ! vous qui me montriez tant d'attachement et de fidélité... Ah ! vous ne m'avez jamais aimé.

CATHERINE, *éperdue.*

Je ne vous ai jamais aimé, cruel !... ah ! pardon, pardon !... ce reproche m'égare à un point, que j'oublie.... Hélas ! que n'ai-je, comme vous, un empire, une couronne !....

PIERRE, *désignant la couronne de fleurs qu'elle a sur la tête.*

Comptez-vous celle-là pour rien ! Je ne tiens la mienne que du hazard, de la naissance ; et vous, Catherine, vous tenez la vôtre des vertus : croyez-moi, vous êtes mon égale.

CATHERINE.

Ah ! je sens qu'on peut refuser un trône, une couronne ; mais non résister à l'amour. (*Elle tombe dans les bras du czar.*)

PIERRE.

Tabellion, ... donnez-moi l'acte qui m'unit à Catherine ... Bon ! ... (*Il prend l'acte que lui présente le tabellion, l'examine d'un air satisfait, en regardant tendrement Catherine, et le remet ensuite à un de ses officiers*) Avez-vous celui d'Alexis et de Caroline ?

LE TABELLION.

Oui, mon prince, le voici.

PIERRE.

Je veux qu'il soit revêtu de ma signature. (*Le tabellion présente une plume à l'empereur qui signe l'acte.*

ALEXIS, *bas à Caroline.*

Oh ! jarni ! quel honneur pour nous !

PIERRE, *au tabellion en lui remettant l'acte et la plume.*

Vous y ajouterez que je les dote de six mille ducats. (*A Alexis et à Caroline.*) Recevez en outre, couple charmant, recevez cette marque de mon amitié : c'est mon portrait. (*Il leur présente un portrait entouré de diamans. Alexis le prend, le baise, et le donne à Caroline qui le baise à son tour, et l'attache ensuite à son cou.*) Catherine y joindra bientôt le sien... (*Aux compagnons charpentiers qui doivent être en ce moment assemblés aux côtés de Georges*) Et vous que j'ai formés dans l'art que je chéris, compagnons de mes travaux, allez enseigner dans mon empire la construction des vaisseaux ; établissez des chantiers ; formez des ouvriers habiles, et comptez toujours sur la protection, sur l'amitié de votre ancien camarade.

VAUDEVILLE.

Premier couplet.

LE FORT, *au peuple*

Pour vous instruire dans les arts,
Pierre a couru l'Europe entière,
S'exposant à tous les hazards
D'une vie obscure et grossière.
Exprimons le respect, l'amour
Qu'un trait aussi beau nous inspire;
Que chacun de nous en ce jour,
Mes amis, s'empresse de dire:
Béni soit à jamais
Notre prince dont la tendresse
S'occupe sans cesse
Du bonheur de ses sujets!

CHOEUR.

Béni soit à jamais
Notre prince dont la tendresse
S'occupe sans cesse
Du bonheur de ses sujets!

Second couplet.

PIERRE, *montrant le Fort.*

Peuple, c'est à lui que je dois
Et votre bonheur et ma gloire.
Vainement le meilleur des rois
Veut éterniser sa mémoire;
S'il ne trouve un sage, un ami,
Pour l'éclairer, pour le conduire,
Sur le trône il reste endormi,
Et rarement il entend dire:
Bénit soit.... etc.

CHOEUR.

Béni soit.... etc.

Troisieme couplet.

ALEXIS, CAROLINE.

CAROLINE.

Demain ben sûr je s'rons unis.

ALEXIS.

Avant qu'i'soit un an, j'espère,
D'un ben joli p'tit Alexis
Caroline, tu m'feras père.

CAROLINE, *montrant le portrait de l'empereur qu'elle porte à son cou.*

Souvent je l'i ferai baiser
C'portrait qui semble nous sourire.

ALEXIS.

Et moi drès qu'i' pourra jaser,
A tout moment, j'li ferai dire :
Béni soit.... etc.

CHOEUR.

Béni soit..., etc.

Quatrième et dermier couplet.

CATHERINE, *au public.*

Des bords glacés de la *Néva*,
Jusques aux rives de la *Seine*,
Si la discorde s'éleva,
Et des traités rompit la chaîne ;
L'avenir promet d'être heureux,
Et les destins ont à la France,
Avec un peuple généreux,
Rendu son antique alliance.
Ciel entends la prière
Qu'ici je fais ;
Daigne à l'Europe entière
Donner la paix !

www.ingramcontent.com/pod-product-compliance
Ingram Content Group UK Ltd.
Pitfield, Milton Keynes, MK11 3LW, UK
UKHW021027180726
13838UKWH00004B/1654